A. Gerlach

Allgemeiner deutscher Bier-Comment

A. Gerlach

Allgemeiner deutscher Bier-Comment

ISBN/EAN: 9783337358211

Hergestellt in Europa, USA, Kanada, Australien, Japan

Cover: Foto ©Lupo / pixelio.de

Weitere Bücher finden Sie auf **www.hansebooks.com**

Allgemeiner deutscher Bier-Comment.

Vollständige Ausgabe.

Leipzig.
Druck und Verlag von Philipp Reclam jun.

»Bei lieben Freunden,
Bei ihren Scherzen
Schwinden die Sorgen,
Schweigen die
        Schmerzen;
Drückt Kummer deinen
        Sinn,
Eile zur Kneipe hin:
Salve Gambrine!«

    (»Salve Gambrine.«)

Zur Einleitung.

Ein »allgemeiner deutscher Bier-Comment« nennt sich dies Büchlein, wohl einzig mit Recht: denn es ist wirklich hervorgegangen aus dem an den verschiedenen deutschen Hochschulen und bei den verschiedensten studentischen Korporationen herrschenden Kneip-Comment; dabei ist unter Zurückgehen auf die ältere Zeit, soweit es thunlich, alles sorgfältig nachgeprüft und verglichen worden, wodurch eine kritische Ausgabe zustande kam.

Die Grundregeln und Kneipgesetze, nach denen sich das gesamte Kneipleben regelt, sind aus der Unmenge der Lokal-Comments herausgeschält und allgemein wiedergegeben worden. Aus diesem Grunde sind natürlich keine Zahlen oder ein Maß etwa zu trinkender Quanta angegeben worden, außer bei solchen Gelegenheiten, bei denen diese ein für allemal feststehend sind.

Die Rundgesänge und Comments sind unter möglichster Berücksichtigung der in den letzten 25 Jahren üblich gewordenen Formen nach ihren eigentlichen Quellen wiedergegeben. Gerade hierbei, aber auch anderorten, hat manches Aufnahme gefunden, das neuerdings mehr der Vergessenheit anheim gefallen ist; wird es auch nicht mehr aufleben, so soll es doch vor gänzlichem Untergang bewahrt bleiben und an dieser Stelle also nur historisches Interesse beanspruchen.

Die Kneipceremonien sind ja im allgemeinen ziemlich einheitlich; soweit haben sie also festgelegte Gültigkeit; bei den feierlichen Ceremonien ist die Zahl der Abweichungen freilich Legion, jede Stadt und Korporation hat mit mehr oder weniger Glück und Poesie ihre eigenen Abänderungen getroffen, deshalb sind die diesbezüglichen nur dem

Grundzüge nach wiedergegeben.

Jedenfalls aber hofft nun der Herausgeber zweierlei: einmal, daß hiermit in der That ein allgemeiner Comment geschaffen ist, der wirklich gebrauchs*fähig* ist und der sich wohl auch bei dem größern Teil der Studentenschaft einbürgern dürfte, weil er eben unter Beiseitelassung alles überflüssigen Beiwerkes nur grundlegende und allgemein anerkannte Dinge bringt; zum andern, daß das Büchlein auch einiges kulturhistorische Interesse beanspruchen darf. Man mag über den Kneip-Comment überhaupt denken wie man will, jedenfalls existiert er und läßt sich aus den Blättern der Geschichte unseres deutschen Studententums nicht löschen. In all seiner Eigenart ist er ein kulturgeschichtliches Denkmal und in jedem Falle wert, in authentischer Form festgehalten und überliefert zu werden.

Der studentische Kneip-Comment hat, namentlich in neuerer Zeit, viele Gegner gefunden; man hat von unwürdigem und sogar unmoralischem Zwang, der dem einzelnen angethan würde, gesprochen und noch tausend andre schrecklichere Töne geredet: Es ist aber bei weitem der Comment nicht so schlimm und vor allem wird er nicht mehr so schlimm gehandhabt, als er gemacht wird. – Daß in der That die Tage des strengen und rücksichtslosen Comments gezählt sind, ist wohl allgemein richtig und wird auch kein Schaden sein; daß aber die Füße derer, die jeglichen Comment begraben, bereits vor der Thüre ständen, das ist unrichtig und wäre auch zu bedauern: Denn Comment *muß* auf der Kneipe herrschen, so gut wie für andre Versammlungen Statuten und Debattenordnungen da sind. Der Comment ist, wenn er verständig gehandhabt wird, kein notwendiges Übel, sondern vielmehr ein unumgängliches Mittel, um Ordnung und Gemütlichkeit zu wahren und zu heben an jedem Biertische.

»Man« hat so oft klagen gehört, daß gerade infolge des

Comments der oder jener Student dem Trunk verfallen und verkommen sei; das ist wohl nur äußerst selten vorgekommen: wer derartige persönliche traurige Erfahrungen zu machen Gelegenheit hatte, wird zugeben müssen, daß solche Leute nicht Opfer des Comments sind, sondern durch Suff ohne Regeln nach eigner Wahl und Qual zu Grunde gingen, daß es allermeist sogar Studenten sind, die nie einer Korporation angehörten, also niemals einem Comment unterstanden.

Aber für die fanatischen Gegner studentischer Sitte, für solche, die in jeder Weinflasche einen Nagel zum Sarge der Menschheit und in jedem Bierkrug einen Baustein zu deren Grabgewölbe sehen, ist dies Büchlein ja nicht gedruckt worden; mögen diese sich immerhin dran entsetzen, vielleicht lernen sie bei dieser Gelegenheit den vielgeschmähten Comment auch wirklich mal kennen; es wäre dann wenigstens einiges zu ihrer Belehrung erreicht, ob's freilich zur Bekehrung reicht –?

All denen aber, für die es geschrieben, sei das Büchlein angelegentlichst empfohlen: Denen, die es noch angeht, die noch sorgenlos und ungebunden die köstliche goldene Zeit ihrer akademischen Jahre genießen; denen, die es einst anging, als liebe Erinnerung an längst entschwundene frohe Stunden und an ihre alte Burschenherrlichkeit; denen, die Kulturgeschichte treiben, als ein kleiner Beitrag aus der Zahl der vielen kulturhistorischen Denkmäler, die das deutsche Studententum bietet; allen zu Freud' und Nutz!

Geschrieben zu Rüdesheim am Rhein, am Tag der Sommersonnwende 1899.

Dr. A. Gerlach.

Inhalt.

	Seite
I. Allgemeines.	
1. Begriff des Kneip-Comments	9
2. Kneippersonal und Rang	9
3. Bierehre	10
4. Kneipe	11
II. Kneipgesetze.	
1. Kommando	12
2. Verbum	12
3. Tempus	13
4. Silentium	14
5. Gesang	15
6. Trinken	15
a) Bierimpotenz	15
b) Spinnen lassen	16
c) pro poena trinken	17
7. Kneipnamen	17
8. Bierzeitung	18
III. Kneipceremonien.	
A. Gesellige Ceremonien.	
1. Vor- und Nachtrinken	19
2. Übers Kreuz trinken	21
3. In die Welt trinken	22
4. Biergalopp	22
5. In die Luft sprengen	23

B. Rundgesänge und Comments.

1. Einleitungskantus — 23
2. Rundgesang — 24
3. Bacchus-Comment — 24
4. En Angleterre-Comment — 25
5. Deutscher Comment — 26
6. Deutscher Hammer — 26
7. Ins versoffene Lager — 27
8. Summ-Comment — 28
9. Lebe-Liebe-Comment — 28
10. Liebes-Comment — 28
11. Lieblings-Comment — 29
12. Abc-Comment — 29
13. Städte-Comment — 29
14. Stech-Comment — 30
15. Veilchen-Comment — 30
16. Hans-Comment — 30
17. Allah-Comment — 31
18. Relativum-Comment — 31
19. Fürst von Thoren — 32
20. Pappenheimer — 32
21. General Laudon — 33
22. Bruder Liederlich — 34
23. Lasset die feurigen Bomben erschallen — 35
24. Semester-Salamander — 36
25. Raketen-Salamander — 36
26. Feuer-Salamander — 36
27. Schweizer-Salamander — 37
28. Bierwalzer — 37

29. Tischhospiz 38
30. Fiskus 38

C. Bierspiele.

1. Graf von Luxemburg 39
2. Bieruhr 39
3. Hammerschmied 39
4. Hinterm Ofen 40

D. Biergerichtliche Ceremonien.

1. Stangenabfassen 41
2. Tempeln 42
3. Biermensuren 42
   a) Suiten 43
   b) Bierjunge 44
4. Biergericht 45
5. Bierkonvent oder Femgericht 46
6. Bier-Verschiß 47

E. Feierliche Ceremonien.

1. Landesvater 49
2. Salamander 52
3. Rezeption 54
4. Brandung 54
5. Burschung 55
6. Totenfeier 55

IV. Bierstrafen. 58

V. Anhang:
Vom Doctor cerevisiae 59

I.
Allgemeines.

1. Begriff des Kneip-Comments.

§ 1.

Unter Kneip-Comment versteht man im allgemeinen den Inbegriff jener studentischen meist althergebrachten Gesetze und Ceremonien, die beim Kneipen zur bessern Handhabung der Ordnung und zur Hebung der Gemütlichkeit beobachtet werden.

2. Kneippersonal und Rang.

§ 2.

Die Kneiptafel, d. h. das Kneippersonal besteht aus:

1. dem Präsidium (Präses, Kneipwart),
2. den Burschen,
3. den Füchsen.

§ 3.

Die Leitung des Kneippersonals liegt in der Hand:

1. des Präsidiums,
2. des Fuchsmajors oder Kontrapräsidiums.

§ 4.

Dem Präsidium liegt vor allem die Handhabung des Comments auf der Kneipe ob; es hat – selbst unter dem Comment stehend – auf dem Kneipabend unumschränkte Gewalt, Stoffmangel beschränkt seine Rechte nicht. Es eröffnet und schließt den Kneipabend zu bestimmter Zeit und überwacht die Bierskandale.

§ 5.

Die Gewalt des Fuchsmajors ist der des Präsidiums untergeordnet und erstreckt sich nur auf die Füchse, während sich die Gewalt des Kontrapräsidiums so weit erstreckt, als es das Präsidium vor Beginn der Kneipe bestimmt.

§ 6.

Burschen sind die Mitglieder der Kneiptafel, die nach Erfüllung bestimmter Voraussetzungen den herkömmlichen Fuchsenritt gemacht haben und dann als vollberechtigte Glieder der Kneiptafel aufgenommen worden sind.

§ 7.

Füchse sind die übrigen Mitglieder der Kneiptafel bis zu ihrer erfolgten Burschung, meist bis zum Ende des zweiten Semesters. – Füchse des ersten Semesters heißen krasse Füchse, die zweiten Semesters Brandfüchse. – Füchse haben sich gegen Burschen eines respektabeln und ehrerbietigen Benehmens zu befleißigen.

3. Bierehre.

§ 8.

Im Zustand der Bierehre oder Bierehrlichkeit befindet sich ein Bursch, wenn er sich im Vollbesitz aller Eigenschaften eines vollgültigen Mitgliedes der Kneiptafel befindet.

§ 9.

Aus der Bierehre ergeben sich sämtliche Rechte an der Kneiptafel.

§ 10.

Die Bierehre wird verloren durch die Erklärung in den Bier-Verschiß.

§ 11.

Es wird fortgesoffen!!!

4. Kneipe.

§ 12.

Am Kopfe der Kneiptafel, bei dem gewöhnlich die Embleme (Wappen etc.) an der Wand befestigt sind, befindet sich der Sitz des Präsidiums; ihm gegenüber am untern Ende sitzt der Fuchsmajor, um den sich die Füchse scharen.

§ 13.

Auf der Kneipe befindet sich eine Biertafel zum Anschreiben der verhängten Strafen, ferner die B.-V.-Tafel zur Ankreidung der Bierschisser.

§ 14.

Jeder Kneipabend zerfällt in offizielle Kneipe, Exkneipe und Fidulität; die Exkneipe dauert meist bis Mitternacht, die Fidulität hierauf in infinitum.

§ 15.

Der Kneipabend wird vom Präsidium eröffnet mit den Worten: »ad loca, silentium! commercium incipit! Ein Schmollis, ihr Brüder!« worauf die Corona mit »fiducit« antwortet. Dann kündigt das Präsidium das erste Lied mit den Worten an: »Es steigt das erste Allgemeine!« und stimmt es an. Nach Beendigung desselben ruft es: »Cantus ex! Ein Schmollis, ihr Brüder!« worauf die Corona »fiducit« erwidert. Darauf: »Colloquium!«

Der Kneipabend wird geschlossen mit den Worten: »Offizielle Kneipe ex, Exkneipe bezw. Fidulitas incipit!«

II.
Kneipgesetze.

1. Kommando.

§ 16.

Das Präsidium hat allein das Recht, zu jeder Zeit silentium zu gebieten, welches sofort strictissime zu halten ist; außer dem Präsidium darf nur der, welcher von demselben das Wort erhalten hat, silentium kommandieren und zwar unter der Formel »silentium in nomine!«

§ 17.

Das Präsidium hat durch strenge Handhabung der ihm zu Gebote stehenden Mittel alle Störungen zu unterdrücken, welche der allgemeinen Gemütlichkeit zuwider sind. Nach seinem Ermessen jedoch kann es kleine Störungen übersehen, wofern sie selbst zur Gemütlichkeit beitragen.

§ 18.

Jedes vom Präsidium ausgehende Kommando muß unbedingt befolgt werden.

§ 19.

Verläßt das Präsidium seinen Platz, so hat es ein Substitut zu ernennen und falls es Insignien trägt, sie zu übergeben.

§ 20.

Das Präsidium der Exkneipe wird vom Präsidium der vorhergehenden offiziellen Kneipe aus der Reihe der Burschen bestimmt.

§ 21.

Das Fuchsmajorat resp. Kontrapräsidium der Exkneipe wird vom Präsidium derselben bestimmt; dazu können auch

Brandfüchse genommen werden.

§ 22.

Für die Fidulität wird meist kein Präsidium ernannt; gegebenen Falles wird es durch Acclamation erwählt.

2. Verbum.

§ 23.

Hat jemand irgend etwas vorzubringen, so bittet er das Präsidium um die Erlaubnis dazu mit den Worten: »Verbum peto« oder »Bitte ums Wort.« Dieses giebt seine Zustimmung mit den Worten: »habes,« andernfalls sagt es: »non habes.«

§ 24.

Füchse haben sich an den Fuchsmajor zu wenden, der für sie beim Präsidium darum nachsucht mit der Formel: »Verbum rekommandiert pro vulpe N. N.,« worauf das Präsidium erwidert: »Verbum diktiert (resp. non diktiert) pro vulpe N. N.«

§ 25.

Das Präsidium kann jederzeit einem jeden das Wort entziehen.

3. Tempus.

§ 26.

Wer sich zeitweilig von seinem Platz am Kneiptisch entfernen will, muß das Präsidium um Erlaubnis dazu bitten mit den Worten: »Peto tempus.« Kehrt er zu seinem Platze zurück, so spricht er: »Tempus ex.« Füchse erhalten tempus vom Fuchsmajor.

§ 27.

Während der Kneipe wird die Zeit nach Bierminuten gerechnet. 5 Bierminuten = 3 Zeitminuten.

§ 28.

Ohne besondere Erlaubnis, die nur das Präsidium erteilen kann, darf kein Tempus über 5 Bierminuten ausgedehnt werden.

§ 29.

Hat das Präsidium allgemeines Tempus angekündigt, so ruht während dieser Zeit jeglicher Comment.

§ 30.

Bei allem, was binnen oder nach bestimmter Zeit geschehen muß, wird tempus utile abgerechnet.

§ 31.

Als tempus utile gilt:

a) Allgemeines oder spezielles tempus,
b) allgemeine Lieder,
c) Reden und Vorträge,
d) alle Bierfunktionen,
e) unverschuldeter Stoffmangel.

4. Silentium.

§ 32.

Silentium ist zu halten:

a) so oft es das Präsidium gebietet,
b) bei allen Kneipceremonien,
c) bei allen Reden und Liedern.

§ 33.

Das gebotene Silentium erstreckt sich stets nur auf den gerade vorzunehmenden Akt.

§ 34.

Silentium triste ist das nach irgend einer miserablen Leistung eines Mitgliedes der Kneiptafel gebotene Stillschweigen als Ausdruck des Bedauerns.

5. Gesang.

§ 35.

Die allgemeinen Lieder können nur vom Präsidium bestimmt werden.

§ 36.

Jeder ist verpflichtet, bei Liedern, Rundgesängen und Refrains nach Kräften mitzusingen. Wer nicht singen kann, muß es vor der Kneipe dem Präsidium mitteilen.

§ 37.

Das Präsidium ist berechtigt, einen oder mehrere zu einem Solo zu verdonnern; Substitut ist nicht gestattet.

§ 38.

Nach Beendigung eines Liedes müssen sofort die Kommersbücher geschlossen werden. – Rundgesänge und Comments müssen auswendig gesungen werden.

6. Vom Trinken.

§ 39.

Commentmäßiger Kneipstoff ist streng genommen *nur* das Bier. Mit Erlaubnis des Präsidiums und bei Angabe gewichtiger Gründe darf auch Wein getrunken werden. In diesem Falle zählt Wein doppelt so viel als Bier.

a) Bierimpotenz.

§ 40.

Damit niemand über seine Kräfte zu trinken genötigt werde und wenn er Gründe hat, sich des Bieres zu enthalten, so hat er dies dem Präsidium mitzuteilen und falls dieses die Gründe für stichhaltig erachtet, wird der Betreffende auf bestimmte Zeit für bierimpotent (bierkrank) erklärt. Zum äußern Zeichen muß über dem Bierglas des Bierimpotenten ein angebrannter Fidibus liegen.

§ 41.

Bierimpotente stehen außerhalb des Comments; ziehen sie sich aber Bierstrafen zu, so fahren sie mit dem doppelten Quantum an die Biertafel.

b) Vom Spinnenlassen.

§ 42.

Wenn sich jemand gegen den Comment oder sonstwie verfehlt, so hat jedes ältere Semester das Recht, das jüngere in die Kanne zu schicken (steigen zu lassen; spinnen zu lassen; ihm ex pleno zu bieten); – Füchse können niemand steigen lassen, während jeder Bursch sie in die Kanne schicken kann. – Gleiche Semester können sich nicht steigen lassen.

§ 43.

Vorbedingung zu jedem Steigenlassen ist, daß man selbst Stoff hat: Stoffpumpen, ebenso das Semesterpumpen, ist unstatthaft.

§ 44.

Das »Steigen« hat sofort und ohne Widerrede zu geschehen; geschieht es nicht sofort, so heißt es: »In die Kanne! (›Ex pleno!‹) Eins ist eins, zwei ist zwei, drei ist eine böse Z–a–h–l!« Ist bis zum Buchstaben »l« nicht getrunken, so folgt die Erklärung in B.-V.

§ 45.

Eine Begründung der Strafe des Steigenlassens kann erst nach dem Trinken verlangt werden. Es muß so lange fortgetrunken werden, bis der in die Kanne Schickende sich zu dem Kommando »Geschenkt« herbeiläßt; dann ist a tempo abzusetzen; es braucht jedoch nicht mehr als ein Ganzer getrunken zu werden.

§ 46.

Mit der Blume wird nicht gestiegen. Hat jedoch ein Fuchs sich dermaßen verfehlt, daß es zu seinem Besten erscheint, ihn mit seiner Blume spinnen zu lassen, so ist dies in Anbetracht des guten Zweckes gestattet, wenn der Spinnenlassende beifügt: »ohne Blume zu verletzen.«

§ 47.

Hat der in die Kanne Geschickte nur noch einen Rest im Glase, so muß der Spinnenlassende wenigstens einen Schluck mittrinken, widrigenfalls ihm der B.-V. droht.

c) Pro poena trinken.

§ 48.

Pro poena trinken ist das vom Präsidium zudiktierte Strafquantum wegen Biervergehens; es muß sofort getrunken werden bis zu dem Kommando »Geschenkt,« jedoch nur bis zu einem Ganzen.

7. Kneipnamen.

§ 49.

Auf der Kneipe darf jeder nur mit seinem Kneipnamen (Biernamen, Spitz) angeredet werden. Wird jemand statt dessen mit seinem Familien- oder einem sonstigen Namen angeredet, so ist er berechtigt, ohne Rücksicht auf Semesterzahl dies durch Steigenlassen mit den Worten »wegen Spitzverhunzung« zu ahnden.

8. Bierzeitung.

§ 50.

Die Bierzeitung (Kneipzeitung, Topfzeitung) ist eine Sammlung humoristisch gehaltener Begebenheiten, in denen Mitglieder der Kneiptafel eine Rolle spielen, ferner witzig-satirischer Meinungsäußerungen über einzelne etc., die zur allgemeinen Erheiterung vorgelesen wird. Es wird ein besonderer Redakteur (Bierzeitungs-Redakteur) hierzu gewählt, der die einzelnen Beiträge zusammenstellt und redigiert.

III.
Kneipceremonien.

A. Gesellige Ceremonien.

1. Vor- und Nachtrinken.

§ 51.

Jeder hat das Recht, mit den Worten: »Komme dir etwas« (»Es kommt, steigt dir etwas; ich komme, steige, trinke dir ein Stück; komme dir meine Blume«) einem andern etwas vorzutrinken.

§ 52.

Jeder, dem etwas vorgetrunken wird (der »Honorierte«), kann das vorgetrunkene Quantum annehmen oder nicht. Letzteres geschieht mit den Worten: »Nicht acceptiert!« Jedoch gilt grundlose Verweigerung als Beleidigung.

§ 53.

Nimmt der Angesprochene an, so hat er die Pflicht, binnen 5 Bierminuten nachzukommen mit den Worten: »Prosit, komme mit,« oder wenn er nicht sogleich mitkommen will, so annonciert er dies mit den Worten: »Prosit, komme nach!« Das Nachtrinken wird dem Vortrinkenden angezeigt.

§ 54.

Es muß mit demselben Quantum, mit dem vorgetrunken wurde, auch nachgekommen werden.

§ 55.

Ist der Honorierte innerhalb 5 Bierminuten, nachdem er das vorgetrunkene Quantum angenommen hat, nicht nachgekommen (sei es, daß er sich jetzt weigert oder es nur vergessen hat), so hat der, welcher vorgetrunken hat, ihn darauf aufmerksam zu machen mit den Worten: »N. N. getreten zum ersten.« Ist nach weitern 5 Bierminuten das Nachtrinken nicht erfolgt, so heißt es: »N. N. getreten zum zweiten« und schließlich: »Getreten zum dritten.«

Folgt er dieser letzten Aufforderung nicht und läßt die angegebene Zeit unbenutzt, so kann ihm der Honorierende einen Bierjungen aufbrummen oder ihn in B.-V. erklären lassen.

§ 56.

Füchse können Burschen nicht direkt treten, sondern müssen einen andern Burschen geziemend ersuchen, dies für sie zu thun.

§ 57.

Man darf mit dem Quantum, mit dem man einem andern nachkommt, nicht auch zugleich einem dritten vorkommen.

§ 58.

Vielerorts ist es dem einzelnen gestattet, allen Bierverpflichtungen, die sich in 5 Bierminuten bei ihm angesammelt haben, auf einmal mit einem Halben nachzukommen.

§ 59.

Trinkt man jemandem in seiner Abwesenheit nach, so muß man 2 Bierzeugen haben.

§ 60.

Wird einem etwas »aufs Spezielle« vorgetrunken, was mit den Worten geschieht: »N. N. es steigt, ich komme dir was auf dein Specielles,« so steht es im Belieben des Betreffenden, ob er nachkommen will.

§ 61.

Glaubt aber der auf diese Weise Honorierte dem Vortrinkenden eine Gegenehre erweisen zu sollen, so geschieht es mit den Worten: »N. N. ich löffele mich, revanchiere mich.« – Es kann der Honorierende dies aber von vornherein ausschließen mit den Worten: »Aufs Specielle ohne Löffelung« oder »sine sine.«

2. Übers Kreuz trinken.

§ 62.

Der Kreuz-Comment kommt in drei Modifikationen vor:

a) Das »übers Kreuz trinken« geschieht, um jemand besonders zu ehren, in folgender Weise:

A. sagt: »N. komme dir was!«
B. sagt: »N. komme dir was übers Kreuz vor!«
Darauf sagt A.: »N. komme unterm Kreuz nach!«
Darauf antwortet B.: »N. komme definitiv nach!«

§ 63.

b) Es geschieht, wenn man zweien nachzukommen hat, in folgender Weise:

A. und B. kommen dem C. etwas!
C. zu A.: »Komme dir nach!«
C. zu B.: »Übers Kreuz vor!«
B. zu C.: »Unterm Kreuz nach!«
C.: »Ich schließe das Kreuz!«

§ 64.

c) Es beruht auf dem Gebrauch, daß man mit der Blume nicht nachtrinkt, und geht folgendermaßen vor sich:

A. sagt: »N. N. es kommt dir meine Blume!«
B. sagt: »N. N. meine Blume kommt dir übers Kreuz vor!«

Dann hat sowohl A. als auch B. dem andern noch einmal nachzukommen mit der gewöhnlichen Formel. Man kann mit einer Blume bloß übers Kreuz nachkommen, wenn eine Blume vorgetrunken wurde; doch ist niemand gezwungen, die Blume übers Kreuz steigen zu lassen.

3. In die Welt trinken.

§ 65.

Einen Halben in die Welt trinken geschieht auf folgende Weise:

Das Präsidium oder auch sonst jemand aus der Corona trinken dem A. einen Halben vor mit den Worten: »A. ich steige dir einen Halben in die Welt vor!« – A. kommt mit demselben Quantum nach und zugleich einem andern vor mit den Worten: »Den Halben in die Welt nach, B. einen Halben in die Welt vor!«

§ 66.

Kommt jemand binnen 5 Bierminuten nicht nach, so stimmt der Vortrinkende den cantus an: »Wo bleibt der Halbe in die Welt etc.?« Jedoch hat jeder Nachkommende sowohl wie das Präsidium das Recht, den »Halben in die Welt« zu sistieren mit den Worten: »Halber in die Welt unter den Tisch!« – Es braucht niemand einen Halben in die Welt zweimal anzunehmen.

4. Der Biergalopp.

§ 67.

Der Biergalopp geht auf folgende Weise vor sich:

Jeder präpariert sich auf einen Ganzen; das Präsidium trinkt seinem Nachbar zur Rechten einen Halben vor, dieser ebenfalls sofort dem Nachbar zur Rechten, und so geht es fort bis zum linken Nachbar des Präsidiums, welcher dem Präsidium ebenfalls einen Halben vortrinkt. Dieses kommt seinem linken Nachbar mit dem zweiten Halben nach, letzterer wiederum seinem Nachbar zur Linken etc. bis zum rechten Nachbar des Präsidiums.

5. In die Luft sprengen.

§ 68.

Das »in die Luft sprengen, sprengen, hochsetzen,« besteht darin, daß mehrere zugleich eine Anzahl gleichgroße aber mindestens je einen Halben betragende Quanta einem oder mehreren andern vorkommen. Dies muß dem Gesprengten mit Angabe der Quanta vernehmlich und bevor zu trinken begonnen wird angezeigt werden. Wer schon zu trinken angefangen hat, bevor der Gesprengte »Prosit« gesagt und so die Annahme erklärt hat, dessen Quantum zählt nicht mit.

§ 69.

Der Gesprengte muß von 5 zu 5 Bierminuten die Quanta nachkommen und dies dem, der ihm die Sprengung angesagt hatte, mitteilen.

§ 70.

Das »in die Luft sprengen« kann auch, um jemanden auszuzeichnen, »aufs Specielle« geschehen. Dieser hat sich jedoch dann mit einem guten Stück zu löffeln.

B. Rundgesänge und Comments.

§ 71.
1. Einleitungskantus.

Jeder Rundgesang oder Comment wird eingeleitet und geschlossen auf folgende Weise:

» Es geht (ging) ein …
An unserm Tisch herum
Dreimal drei ist neune
Wißt ja, wie ich's meine
Zwanzig ist ja 2 × 10
Laßt eine gehn, laßt eine gehn etc. «

Daran schließt sich nach dem Kommando und etwaigen Erläuterungen des Präsidiums die betr. Ceremonie etc.

§ 72.
2. Der Rundgesang.

Beim Rundgesang singen alle:

» Rundgesang und Gerstensaft
Lieben wir ja alle,
Darum trinkt mit Jugendkraft
Schäumende Pokale.
Bruder, deine Schönste heißt? «

Hier erhebt sich der rechte Nachbar des Präsidiums, singt den Namen seiner Geliebten und trinkt seinen Rest. Der Chor fährt unterdessen fort:

» N. N. soll leben hoch,
Am jüngsten Tage noch!
:,: Sie lebe :,: sie lebe, lebe hoch!
:,: Sie lebe :,: sie lebe, lebe hoch! «

Dann beginnt die Corona mit »Rund-Rund« und wiederholt dieses Wort so oft, als Personen gesungen haben; doch kann das Präsidium auch früher ein Zeichen geben, worauf wieder von allen gesungen wird: »Rundgesang und Gerstensaft etc.« Die Ceremonie macht die Runde durch die Corona bis zum Präsidium.

§ 73.
3. Der Bacchus-Comment.

Beim Bacchus-Comment singt die Corona:

> »Vivat, vivat, Bacchus, Bacchus lebe!
> Bacchus war ein braver Mann,
> Der zuerst der goldnen Rebe
> Süßen Nektar abgewann.
> Es leben die Schwarzem die Blonden, die
> Braunen,
> :,: Sie leben alle hoch!« :,:

Jetzt erhebt sich die vom Präsidium bestimmte Anzahl der zur Rechten aufeinanderfolgenden Mitglieder mit dem Glase und singt:

> »Ob ich's wag' und ob ich's thu'
> Ob's die Herrn auch lassen zu?«

Der Chor antwortet:

> :,: »Hinunter mit dem Plunder :,:
> Hinunter mit ihm!«

Währenddessen trinken die Betreffenden ihren Rest; haben sie getrunken, so singen sie:

> »Es ist geschehn!«

was der Chor bestätigt mit den Worten:

»Wir alle haben's gesehn!«

Dann beginnt die Corona aufs neue: »Vivat« etc. Die Ceremonie macht die Runde bis zum Präsidium.

§ 74.
4. Der En Angleterre-Comment.

Beim En Angleterre-Comment wird von allen gesungen:

>»En Angleterre
>Nous irons
>Chercher la guerre
>Sans canons,
>:,: C'est pour la prouver
>De l'artillerie :,:
>:,: Brave soldatesca
>Tirez! Tirez! Tirez!«

Bei »brave soldatesca« erhebt sich die vom Präsidium bestimmte Anzahl der zur Rechten aufeinanderfolgenden Mitglieder der Kneiptafel und trinkt bei »tirez« ihren Rest; das »tirez« wird so lange wiederholt, bis sämtliche ihr Glas geleert haben. Dann fährt der Chor fort:

>»Ah! ce brave compagnon
>Qui sait tirez sans canon!«

Diejenigen, welche leergetrunken haben, schlagen dabei im Takte die Gläser auf den Tisch, dann beginnen alle wieder: »En Angleterre etc.,« wobei diejenigen, welche schon getrunken haben, mit den Gläsern auf den Tisch trommeln, bei »brave soldatesca« aber durch einen Schlag mit dem Glase auf den Tisch abschließen; darauf geht der Comment wie vorher weiter bis zum Präsidium.

§ 75.
5. Der deutsche Comment.

Beim deutschen Comment sind Ceremonien und Melodie genau die gleichen wie beim französischen Text des En Angleterre-Comments. Die deutschen Worte lauten:

>»Auf mit dem Becher
>An den Mund!
>Auf und leert ihn
>Bis zum Grund!
>:,: Trinket und schlürfet
>Den köstlichen Trank :,:
>:,: Auf, tapfre Zecher! :,:
>Ziehet! Ziehet! Ziehet!
>– – – – – – – –
>– – – – – – – –
>
>Ha, das ist ein wackrer Mann,
>Der den Becher leeren kann!«

§ 76.
6. Der deutsche Hammer.

Beim deutschen Hammer singt die Corona:

>»Auf mit dem Hammer,
>Nieder mit ihm,
>Schmiedet das Eisen,
>So lang es noch warm ist,
>Schmiedet das Eisen
>So lang es noch glüht!«

Bei »Auf« erhebt sich die vom Präsidium bestimmte Anzahl der zur Rechten aufeinanderfolgenden Mitglieder der Corona und trinkt bei dem Wort »glüht« ihren Rest. Diejenigen, welche ausgetrunken haben, erheben mit dem Worte »auf« ihr Glas, stoßen es mit dem Worte »nieder« auf den Tisch und begleiten die Worte »schmiedet – glüht« mit Stoßen, das Wort »glüht« mit Trommeln.

§ 77.

7. Ins versoffene Lager.

Bei diesem Comment singen alle:

> »Ins versoffene Lager ziehen wir,
> Da giebt's schöne Mädchen, Wein und Bier!
> Wohlauf, Kameraden, ladet die Gewehre,
> Es gilt unserm Freunde, dem N. N. zur Ehre!
> N. N. gebe Feuer! – Feuer! Feuer! Feuer! Feuer!«

Nach dem ersten »Feuer« erhebt sich der rechte Nebenmann des Präsidiums und trinkt bei dem letzten »Feuer!« seinen Rest. Darauf reicht man sich kreuzweise die Hände und singt:

> »Ihr Brüder zur Rechten,
> Ihr Brüder zur Linken,
> Wir wollen einander
> Ein Schmollis zutrinken!
> :,: Ihr Brüder Hallo!
> Macht's alleweil so!« :,:

Bei dem Wort »so« klatscht man in die Hände und schließt die Kette wieder; beim wiederholten »so« wird mit Händeklatschen geschlossen. Dann hebt der Comment von neuem an.

NB. Bei einer größern Kneiptafel steht bei den Worten »N. N. gebe Feuer!« nicht ein einzelner, sondern eine vom Präsidium bestimmte Zahl zur Rechten aufeinanderfolgenden Mitglieder auf und trinkt bei »Feuer!« ihren Rest, wobei der Name des linken Flügelmannes gesungen wird.

§ 78.
8. Der Summ-Comment.

Der Summ-Comment geht in folgender Weise vor sich:

Das Präsidium ruft: »Wer summt mit einem Viertel?« Wer

singen will, antwortet: »Summ!« darf es aber nur, wenn das Präsidium antwortet: »N. N. habes.« Nachdem einige gesungen haben, fragt das Präsidium: »Wer summt mit einem Halben?« und schließlich: »Wer summt mit einem Ganzen?« Wer gesungen hat, trinkt sofort sein betreffendes Quantum. Will niemand mehr singen, so wird der Comment geschlossen.

Für jeden Summ-Comment bestimmt das Präsidium mehrere Mitglieder der Kneiptafel als Refrainkommission, die nach jedem Liede einen passenden Refrain anzustimmen hat.

§ 79.
9. Der Lebe-Liebe-Comment.

Beim »Lebe-Liebe-Comment« singt die ganze Corona:

»Lebe, liebe, trinke, lärme
Und bekränze dich mit mir,
Härme dich, wenn ich mich härme
Und sei wieder froh mit mir!«

Auf »Lebe« stößt das Präsidium mit seinem Nachbar zur Rechten an, auf »Liebe« dieser mit dem nächsten etc. bis zum Ende des Liedes. Derjenige, bei dem das Lied endet, trinkt seinen Rest und beteiligt sich nicht mehr am Gesange. Sein rechter Nachbar beginnt den Rundgesang von neuem. Der Gesang wird so lange fortgesetzt, bis nur noch drei Mitglieder der Kneiptafel Bier haben. Diese drei singen darauf mit verteilten Rollen das Lied: »Es hatten drei Gesellen« etc.

§ 80.
10. Der Liebes-Comment.

Beim Liebes-Comment dürfen nur Liebeslieder gesungen werden. Das Präsidium bestimmt ein Mitglied der Kneiptafel, welches anfängt; dann wird der Reihenfolge nach gesungen, jedoch nur, nachdem das Präsidium vivat sequens gerufen hat. Das Präsidium darf auch einen oder mehrere übergehen. Wer kein Lied singt, stärkt sich mit einem Halben und wem kein Lied einfällt, während das Präsidium 1, 2, 3 zählt, ebenfalls mit einem Halben.

§ 81.
11. Der Lieblings-Comment.

Der Lieblings-Comment unterscheidet sich vom Liebes-Comment nur dadurch, daß nicht ausschließlich Liebeslieder, sondern von jedem einzelnen sein Leiblied gesungen wird.

§ 82.
12. Der Abc-Comment.

Der Abc-Comment geht auf folgende Art vor sich:

Das Präsidium befiehlt dem einzelnen, ohne sich jedoch an eine bestimmte Reihenfolge zu halten, ein Lied zu singen, das mit einem vom Präsidium bestimmten Buchstaben anfängt. Wer kein entsprechendes Lied weiß, nachdem das Präsidium 1, 2, 3 gezählt hat, zahlt einen Halben als Fiskus; er hat aber das Recht, das Präsidium um Nennung eines Liedes mit dem betreffenden Buchstaben zu bitten. Kann dieses der Forderung nicht entsprechen, so zahlt es ebenfalls einen Halben, andernfalls zahlt der Fragesteller den zweiten Halben.

§ 83.
13. Der Städte-Comment.

Beim Städte-Comment singt jeder der Reihe nach, vom rechten Nachbar des Präsidiums angefangen, nach der Melodie: »Und in Jene, da lebt's sich bene etc.« einen selbstgemachten Vers, der sich auf eine vom Vordermann genannte Stadt zu reimen hat. – Wer einen solchen Vers nicht zustande bringt, zahlt einen Halben.

§ 84.
14. Der Stech-Comment.

Beim Stech-Comment wird (bei Burschen vom Präsidium, bei Füchsen vom Fuchsmajor) durch einen Stich mit dem Schläger jedem der Reihe nach, von rechts angefangen, das Kommersbuch aufgeschlagen. Jeder hat das hierdurch getroffene Lied nach eigner Melodie (jedenfalls aber *nicht* mit der dem betreffenden Lied zukommenden) zu singen. Das Präsidium bezw. der Fuchsmajor bestimmt, wenn auf den zwei offenen Seiten verschiedene Lieder stehen, den zu singenden Kantus mit dem Rufe: rechts, links, oben, unten.

§ 85.
15. Der Veilchen-Comment.

Der Veilchen-Comment geht auf folgende Weise vor sich:

Die ganze Corona singt:

> »Freut euch des Lebens,
> Weil noch das Lämpchen glüht,
> Pflücket die Rose,
> Eh' sie verblüht!«

Statt nun weiter zu singen: »man schafft so gern – – findet sie,« wird ein von jedem einzelnen der Reihe nach improvisierter Vers eingefügt und von dem Betreffenden in der fortlaufenden Melodie Solo gesungen, worauf dann die Corona einfällt mit:

> »Und läßt das Veilchen unbemerkt,
> Das dort am Wege blüht!«

Wer keinen Vers zustande bringt, zahlt einen Halben.

§ 86.
16. Der Hans-Comment.

Die Grundlage des Hans-Comment bildet der Vers:

> »Unser Hans hat Hosa an
> Und dia sind blau;

> Schnell wie der Wind weht,
> Und wie der Hahn kräht;
> Unser Hans hat Hosa an
> Und dia sind blau.«

Alles wird allgemein gesungen mit Ausnahme der Worte: »blau, weht, kräht, blau.« Während die Worte gesungen werden: »Und dia sind,« »Schnell wie der Wind,« »Und wie der Hahn,« trinkt jeder der Reihe nach, rechts vom Präsidium angefangen, bei jeder Zeile ein anderer, und muß dann das Wort singen: »blau, weht, kräht, blau.«

§ 87.
17. Der Allah-Comment.

Beim Allah-Comment singt das Präsidium oder ein von diesem bestimmter Solo:

> »Allah ist groß!«

und begiebt sich dabei in eine bestimmte Stellung, die von der Corona unter dem allgemeinen Gesange

> :,: »Und Mohammed, und Mohammed
> Ist sein Prophet« :,:

nachgemacht wird. Nach Ausführung verschiedener ulkiger Stellungen, die in der Willkür des Vorsängers liegen, kehrt man in die ursprüngliche Stellung zurück.

§ 88.
18. Der Relativum-Comment.

Es erhebt von der Rechten des Präsidiums an die bestimmte Anzahl mit Ganzen.

Die Corona singt:

> :,: »Dat Relativum Qui, quae, quod :,:
> Qui: Dat sünd wi! (deuten auf sich)

Quae: Dat is hä! (deuten auf die Stehenden)
Quod: is dä Pott
Den hä utsupen mott!«

Bei den beiden letzten Versen wird im Takte auf den Tisch gehämmert und der letzte Vers oder auch nur das Wort »mott« so lange wiederholt, bis die Betreffenden ihren Rest getrunken haben.

§ 89.
19. Der Fürst von Thoren.

Ein Bierfaß wird als Fürstenthron auf den Tisch gestellt. Das jeweilige Präsidium setzt sich auf das Faß, alle andern stellen sich in einer Reihe auf, die Gläser in der Hand. Hierauf wird das Lied: »Ich bin der Fürst von Thoren« in folgender Weise gesungen:

1. Strophe vom Fürsten,
2. Strophe von allen übrigen mit Ausnahme des Fürsten,
3. Strophe wieder vom Fürsten,

dann bewegt sich unter fortwährendem Absingen der 4. Strophe die aufgestellte Reihe um den Fürsten herum und jeder reicht diesem der Reihe nach das geöffnete Deckelglas zum Trinken dar, welches er dann auf der linken Seite vom Fürsten wieder empfängt. Nachdem in dieser Weise die ganze Reihe vorbeigezogen, singt der Fürst die letzte Strophe Solo bis: »Ich leg' es nun in N. N.s Hand,« wodurch er seinen Nachfolger bestimmt. Dieser nimmt die gleiche Ceremonie vor. Der Fürstenthron wird zuerst in Besitz genommen vom Präsidium, dann von den Burschen der Kneiptafel, Füchse sind ausgeschlossen. Will der Fürst die Ceremonie schließen, so singt er: »Ich leg' es nun in niemands Hand.«

§ 90.

20. Der Pappenheimer.

Das Präsidium kommandiert: »Silentium! es präpariert sich der Pappenheimer; N. N., auf!« Dann setzen sich beide auf die Stuhllehne und singen nach der Melodie »Schier dreißig Jahre«:

:,: Wir steigen :,:
:,: Einen Halben in die Welt :,:
:,: Warum sollten wir nicht steigen einen
Halben in die Welt? :,:
Einen Halben in die Welt.
Bei Wein und Bier,
Lustige Pappenheimer sind wir;
Bei Bier und bei Wein,
Lustige Pappenheimer wollen wir sein.
:,: General Pappenheim :,:
:,: Der soll leben :,:
:,: General Pappenheim :,:
:,: Er lebe hoch! :,:

Jetzt wird getrunken; darauf ernennen sich beide ein Substitut und alle vier singen wieder; dann ernennen sich diese vier wieder weiter vier Substitute und singen von neuem etc., bis alle daran waren. Ist dies geschehen, so erhebt sich die ganze Corona auf den Tisch und singt: »Wir steigen einen Halben :,: einen Halben, überm Tisch« etc. :,: Bei dem letzten Hoch werden alle Gläser geleert. Hierauf duckt sich die ganze Corona unter den Tisch und singt mit gedämpfter Stimme: »Wir steigen einen Halben unterm Tisch« etc. Hierauf kommandiert das Präsidium zu Ehren des Generals Pappenheim einen Raketensalamander und nach dessen Beendigung »Pappenheimer ex.«

§ 91.
21. General Laudon.

Die ganze Kneiptafel singt:

»General Laudon, Laudon rückt an,
General Laudon, Laudon rückt an.
Mit 600 000 Mann
Rückt General Laudon an.
General Laudon, Laudon rückt an.«

Darauf werden von den einzelnen Mitgliedern der Corona, vom rechten Nachbar des Präsidiums angefangen, folgende Kommandos abgegeben:

»Halt! – Werda! – Ronde! – Was für 'ne Ronde! – Kneipronde – Schnapsronde! – Wer thut die Ronde? – General Laudon! – Raus! – Stillgestanden! – Gewehr auf! – Achtung, präsentiert das Gewehr! – Gewehr auf Schulter! – Gewehr ab! – Weggetreten!«

Und zwar wird, nachdem das Lied einmal gesungen ist, zunächst nur das erste Kommando gerufen, darauf nach Wiederholung des Liedes die früheren Kommandos und das folgende dazu. Variationen der Kommandos sind je nach Größe der Corona zulässig.

§ 92.
22. Der Bruder Liederlich.

Die ganze Kneiptafel singt:

:,: »Bruder Liederlich, Bruder Liederlich,
  Warum sauft Ihr denn so fürchterlich?« :,:

Hier erheben sich die vom Präsidium zu seiner Rechten Bestimmten und singen:

»Ei, :,: was können wir dafür, :,:
Daß uns schmeckt so gut der Bier, der Bier;
:,: was können wir dafür, :,:
Daß uns schmeckt so gut der Bier?«

Die Corona singt darauf:

>»Aus euch, liebe Burschen (Füchse) kann
    niemals was werden,
>Aus euch, liebe Burschen (Füchse) kann
    nochmal was werden,
>Schluck, Schluck, Schluck, den ersten Schluck!«

Hier trinken die Betreffenden einen Schluck, dann singen sie:

>»Ei, wie schmeckt das Bier so bene!«

Darauf singt die Corona:

>»Schluck, Schluck, Schluck, den zweiten
    Schluck!«

Die Betreffenden trinken wieder einen Schluck und singen dann:

>»Sind wir nicht Gambrini Söhne!«

Die Corona singt nun:

>»Schluck, Schluck, Schluck, den letzten
    Schluck!«

Die Betreffenden trinken hierauf ihr Glas leer und die Corona singt weiter:

>»Sie haben brav gehoben,
>Drum wollen wir sie loben;
>Im Glas ist nichts geblieben,
>Drum wollen wir sie lieben!
>Bruder Liederlich, Bruder Liederlich,
>Warum sauft Ihr denn so fürchterlich!«

Der Comment geht weiter und diejenigen, welche getrunken haben, trommeln bei den Worten: »Sie haben brav gehoben – fürchterlich« mit den Gläsern auf dem Tisch. Die Ceremonie geht rund bis zum Präsidium.

§ 93.
23. Lasset die feurigen Bomben erschallen.

Bei gegebener Gelegenheit wird zu Ehren eines Mitgliedes der Kneiptafel gesungen:

> »Lasset die feurigen Bomben erschallen,
> Piff, paff, puff, vivalleralala!
> Unser Bruder N. N., der soll leben,
> Es lebe das ganze N. N.'sche Haus!
> Und sein Mädchen auch daneben,
> Drum trink er jetzt sein Gläschen aus!
> Aus! Aus! Aus!«

Währenddessen trinkt der Honorierte seinen Rest, dann fährt die Corona fort:

> »Leeret die Gläser, schenkt sie wieder ein!
> Laßt uns alle fidele Brüder sein!«

§ 94.
24. Der Semester-Salamander.

Nach dem Einleitungskantus kommandiert das Präsidium: »1. Semester!«

Ein Mitglied der Kneiptafel im 1. Semester erhebt sich und spricht: »Es erhebe sich das 1. Semester und reibe mit mir auf das Wohl aller nachfolgenden ehrwürdigen Semester einen urkräftigen Salamander!«

Hierauf kommandiert das Präsidium: »2. Semester!«

Ein Vertreter des 2. Semesters spricht: »Es erhebe sich das 2. Semester und reibe mit mir auf das Wohl aller vorhergegangenen glorreichen und aller nachfolgenden ehrwürdigen Semester einen urkräftigen Salamander!«

Darauf kommt das 3. Semester an die Reihe etc.

NB. Die Füchse, eventuell die Corona reiben auf Kommando des Präsidiums mit.

§ 95.
25. Der Raketen-Salamander.

Der Raketen-Salamander geht auf gleiche Weise vor sich wie der feierliche Salamander bis zum ersten Kommando 1, 2, 3 nach dem Trinken. Das Präsidium ruft dann dreimal nacheinander: »Erste (bezw. zweite, dritte) Rakete steigt!« Die Corona ahmt jedesmal das Zischen einer aufsteigenden Rakete nach und verleiht der Bewunderung darüber durch ein lautes »Ah« Ausdruck. Dann: »Raketen-Salamander ex!«

§ 96.
26. Der Feuer-Salamander.

Er verläuft folgendermaßen:

Kommando: Achtung!

> (*Ausführung*: Das Glas wird ergriffen.)

Kameraden, es brennt!

> (Das Glas wird kreisend auf dem Tische gerieben, wobei die einzelnen brummend Signale und Kommandos nachahmen.)

Spritz' – fertig!

> (Das Glas wird zum Mund geführt.)

Los!

> (Das Glas wird geleert.)

Achtung! Protzt ab!

> (Ein Schlag mit dem Glas auf den Tisch.)

Vorwärts! Führer links – Marsch!

> (Es wird mit dem Glase das Signal: »Kamerad komm!« getrommelt und auf das Kommando:)

Trab – Marsch!

> (in Wirbel übergegangen.)

Compagnie – Halt!

(Das Glas wird erhoben.)

Auf der Stelle ruht!

(Aufschlag auf den Tisch.)

§ 97.
27. Der Schweizer-Salamander.

Die Kommandos beim Schweizer-Salamander lauten:

»Standet uff ihr Chaiba! de recht Hand an de rechta Schankul, de link Hand an de linka Schankul! de recht Hand ans Gläsli! De link Hand uff de Tisch! De Dackchel ufi! 's Gläsli ans Mul! Sufet ihr Chaiba! no emol ihr Chaiba! Sufet us ihr Chaiba! 's Gläsli uff de Tisch! De Dackchel zu! De recht Hand an de linka Schankul! De link Hand an de rechta Schankul! So jetzt hocket abi, ihr Chaiba!«

§ 98.
28. Der Bierwalzer.

Zur Melodie des Bierwalzers wird bei der 1. Strophe das »la, la, la« mitgesungen. Bei den Worten »Hat sie!« »Ist sie!« wird mit dem Hausschlüssel ans Glas geklopft, ebenso von den Worten: »O jerum« an bis zum Schluß.

Bei der 2. und den folgenden Wiederholungen wird nach Kommando gestampft, gepfiffen, getrommelt, mit den Gläsern geklappert etc.

§ 99.
29. Tischhospiz.

Tischhospize sind bestimmte Lieder oder Strophen, die auf Kommando des Präsidiums von den Mitgliedern der einzelnen Tische gesungen werden.

§ 100.
30. Der Fiskus.

Fiskus ist ein Bierquantum, das gemeinsam getrunken wird, und zwar auf folgende Weise:

Die Gläser werden in gerader Linie vor dem Präsidium

aufgestellt und zwar so, daß abwechselnd die Henkel nach rechts und nach links gerichtet sind. Darauf sagt das Präsidium: »Es ist ein Fiskus angetanzt, ich lasse ihn kreisen unter Absingen des Liedes ...« oder »unter Absingung des N.-Comments.« Hierauf verteilt das Präsidium die einzelnen Gläser, nachdem es sie angetrunken, unter die Corona. Die Gläser werden mit offenen Deckeln und ohne den Tisch zu berühren dem Nachbar gereicht mit den Worten: »Prosit Fiskus!« Die geleerten Gläser werden mit geöffneten Deckeln in derselben Weise vor dem Präsidium aufgestellt, wie vorher die vollen. Derjenige, der den letzten Rest trinkt, sagt: »Fiscus ex!« Das Präsidium ruft nun: »Fuchs N. N. zähle die Leichen!« Der Fuchs steigt auf den Tisch und klappt laut zählend die Deckel zu.

C. Bierspiele.

§ 101.

Bierspiele sind Veranstaltungen, bei denen für jeden Fehler oder auch auf Grund persönlichen Pechs das einzelne Mitglied der Kneiptafel zu einer vom Präsidium bestimmten Strafe verdonnert wird. Die angelaufenen Quanta werden auf der Biertafel angekreidet und gemeinsam getrunken.

§ 102.
1. Der Graf von Luxemburg.

Diesem Bierspiel liegt das Lied zu Grunde:

:,: »Der Graf von Luxemburg,
 Hat all sein Geld verjuckt. :,:
:,: Hat 100 000 Thaler
 In einer Nacht verjuckt!« :,:

Es werden auf einer Tafel für die Worte: »Graf,« »Luxemburg,« »Geld,« »verjuckt,« »100 000,« »Thaler,« »Nacht« entsprechende Bilder gezeichnet. Das Präsidium bestimmt nun einen, der, während das Lied gesungen wird, mit einem Stock auf das betreffende Bild zu zeigen hat. Zeigt der Betreffende auf ein falsches Bild, so fährt er mit dem bestimmten Quantum bei.

§ 103.
2. Die Bieruhr.

Die Bieruhr geht folgendermaßen vor sich:

Das Präsidium teilt die Corona nach Tischen ab. Jede Abteilung macht für ihren Bereich mit Kreide einen Kreis auf den Tisch, die Anzahl der Radien entsprechend der Personenzahl. Im Centrum eines jeden Kreises wird ein Schlüssel eingesetzt; auf Kommando des Präsidiums wird der Schlüssel gedreht. Derjenige, bei welchem der Bart des

Schlüssels stehen bleibt, erhält einen Bierstrich, was solange fortgesetzt wird, bis jeder wenigstens einen solchen hat. Dann erfolgt vom Präsidium die Mitteilung des zu zahlenden Quantums.

§ 104.
3. Der Hammerschmied.

Dem Hammerschmied liegt das Lied zu Grunde:

»Es ist ja kein Dörflein so klein,
Ein Hammerschmied muß ja drin sein,
Zieh', zieh' Hammerschmied
Und laß es wacker laufen;
So, so ist's eben recht,
So wirst du dich besaufen!«

Die folgenden Strophen werden von einem durchs Präsidium bestimmten Solosänger vorgetragen.

Die zweite Strophe wird mit a gesungen:

»As ast ja kan Darflan sa klan,
An Hammarschmad maß ja dran san« etc.

Die 3. Strophe mit e:

»Es est je ken Derflen se klen
En Hemmerschmed meß je dren sen« etc.

und so fort mit i, o, u, au etc. etc.

Jeder Fehler eines Solosängers wird angemerkt und je nach der Anzahl der Bierstriche bestimmt sich der Beitrag zum Fiskus.

§ 105.
4. Hinterm Ofen.

Es liegt diesem Bierspiel das Lied zu Grunde:

»Hinterm Ofen
Liegt ein alter Ranzen;
Seht einmal den Ranzen an,
Wie der Ranzen tanzen kann!«

Für die folgenden Strophen werden vom Präsidium Solosänger bestimmt.

2. Strophe: Die Silben »O, Ran, tan« werden weggelassen.

3. Strophe: »fen, zen« wird ausgelassen.

4. Strophe: »Ofen, Ranzen, tanzen« bleibt weg.

5. Strophe: »Ofen, Ranzen, tanzen« wird gesungen, alles andere mit stummen Lippenbewegungen.

6. Strophe: »Ofen, Ranzen, tanzen« wird gepfiffen, alles andre ausgelassen.

7. Strophe: »Ofen, Ranzen, tanzen« wird gesungen, das andere gepfiffen.

8. Strophe: »Ofen, Ranzen, tanzen« wird gemimt, das andere gesungen.

9. Strophe: wie 1. Strophe.

Jeder Fehler wird mit einem Bierstrich geahndet und nach deren Anzahl das zum Fiskus beizutragende Quantum bestimmt.

D. Biergerichtliche Ceremonien.

1. Das Stangenabfassen.

§ 106.

Niemand darf mit offenem Deckelglas am Biertisch sitzen. Die Blume muß binnen 5 Bierminuten angetrunken sein, widrigenfalls das Glas abgefaßt werden darf. – Dem Präsidium kann das Glas nicht abgefaßt werden.

§ 107.

Beim Abfassen wird also verfahren:

Der Abfassende nimmt das betreffende Glas dem Eigentümer weg und trinkt es selbst aus oder seinem Nachbarn zur Rechten zu, mit den Worten: »Abgefaßte Stange von N. N.« Jeder Folgende wiederholt beim Weitergeben und -trinken diese Worte. Niemand darf übersprungen werden und so macht die Stange, ohne den Tisch zu berühren, mit geöffnetem Deckel die Runde und wird mit einem schäbigen Miste dem Eigentümer wieder vorgesetzt mit den Worten: »Abgefaßte Stange von N. N. zurück!«

§ 108.

Die abgefaßte Stange darf nicht an dem Eigentümer vorbeigereicht werden und es muß daher dessen Nachbar zur Linken, selbst wenn er der Abfassende ist, dieselbe bis auf den schäbigen Mist austrinken.

§ 109.

Jeder der diesen Bestimmungen zuwiderhandelt oder Formfehler begeht, zahlt die abgefaßte Stange.

§ 110.

Gesetzte Stangen dürfen nicht abgefaßt werden.

2. Das Tempeln.

§ 111.

Läßt jemand ein Glas, dessen Blume bereits abgetrunken ist, offen stehen ohne dasselbe anzufassen, so hat jeder das Recht, sein Glas auf das geöffnete zu setzen und die Corona mit den Worten: »Füchse herbei!« aufzufordern, dasselbe zu thun, bis von irgend einem der Deckel des obersten Glases zugeschlagen wird. Der Inhaber des untersten Glases zahlt die sämtlichen aufgesetzten Gläser.

§ 112.

Hierher gehört auch der Fuchsenmist: Jeder Fuchs hat das Recht, einem Mitgliede des Burschensalons ein Glas unter dem Rufe: »Fuchsenmist!« abzufassen, falls dasselbe die Hand nicht ans Glas gelegt hat. Der betreffende Fuchs hat das Glas völlig zu leeren. Jeder Zuwiderhandelnde hat das Glas zu zahlen.

Der Fuchsmajor hat die Pflicht, zu verhüten, daß dieser Brauch nicht in Ungebührlichkeiten ausarte.

3. Biermensuren.

§ 113.

Die Biermensur ist ein Wettstreit im Schnelltrinken. Wer sich in seiner Bierehre verletzt fühlt (was durch einen Tusch geschieht), kann den Beleidiger hierzu veranlassen, um sich so Genugthuung zu verschaffen.

§ 114.

Ein Fuchs kann einen Burschen nicht zu einer Biermensur veranlassen.

§ 115.

Ein Tusch (Verletzung der Bierehre) sind die Äußerungen: »Du bist gelehrt,« »Du bist Doktor,« »Du bist Papst,« »Bierjunge.«

a) Biersuiten.

§ 116.

Auf die Tusche »Gelehrt,« »Doktor,« »Papst« muß man binnen 5 Bierminuten fordern oder überstürzen, d. h. mit schwererem Tusch antworten.

§ 117.

Bei »Gelehrt« hat jeder Teil einen Halben zu trinken, bei »Doktor« einen Ganzen, bei »Papst,« zwei Ganze.

§ 118.

Nachdem es das Präsidium gestattet hat, finden sich beide Teile, jeder mit seinem Sekundanten, zusammen. Ein Unparteiischer macht die Waffen (Gläser) gleich und kommandiert: »Auf die Mensur! Ergreift die Gelehrten! resp. Doktoren! resp. Päpste! Stoßt an! Los!«

§ 119.

Wenn einer vor dem Kommando »Los« trinkt, werden die Waffen gewechselt.

§ 120.

Wer zuerst sein geleertes Glas auf den Tisch gesetzt hat, wird vom Unparteiischen mit Berücksichtigung der Blutung und Nagelprobe als Sieger erklärt.

§ 121.

Mancherorts (Norddeutschland) wird bei schwereren Bierbeleidigungen auf »Kleiner Ocean« oder »Großer Ocean!« gefordert. – Kleiner Ocean = 6 Ganze; Großer Ocean = 12 Ganze.

b) Bierjunge.

§ 122.

Ist jemand mit »Bierjunge« tuschiert worden (ein Bierjunge aufgebrummt worden), so kann der Beleidigte nicht mehr überstürzen, sondern muß fordern.

§ 123.

Der Bierjunge wird folgendermaßen ausgefochten:

Es wird beim Präsidium angefragt: »Ziehen Bierjungen?«

Das Präsidium erwidert: »Ziehen,« resp. »nicht.« Nun ernennt der Aufgebrummte zur Entscheidung einen Burschen als Unparteiischen, der zwei Gläser für die Paukanten füllen läßt. Dann beginnt er:

»Sind die Paukanten da?« Die Corona erwidert: »Adsunt (resp. non adsunt)!«

Unparteiischer: »Waffen ans Licht! Sind die Waffen gleich?«

Corona: »Sunt (resp. non sunt)!« Im letzteren Falle kommandiert der Unparteiische: »N. N. trinkt!«

Unparteiischer: »Arma sunt paria! Wechselt die Waffen! Stoßt an! Der Aufgebrummte zählt eins!«

Aufgebrummter: »Eins!«

Gegner: »Zwei!«

Aufgebrummter: »Drei!«

Auf »drei« leeren die Paukanten ihre Gläser; wer zuerst ausgetrunken hat, ruft sofort: »Bierjunge!« Danach, sowie mit Berücksichtigung der Blutung und Nagelprobe entscheidet der Unparteiische den Sieg mit den Worten: »Ich erkläre N. N. für angeschissen.« Der Besiegte hat beide Gläser zu zahlen, bei Unentschiedenheit zahlt jeder sein Glas. Appellation ans Biergericht ist zulässig.

4. Biergericht.

§ 124.

Biergericht ist eine von einem Mitglied der Kneiptafel beantragte Gerichtsbarkeit (bestehend aus einem Richter und zwei bis vier Räten) für alle vom Präsidium noch nicht bestraften Vergehen gegen Comment und Ordnung oder auch berufen wegen einer ungerechten Verfügung eines einzelnen.

§ 125.

Der Verlauf eines Biergerichts ist folgender:

Der Ankläger bittet ums Wort und fragt: »Ziehen Bieranklagen?« Das Präsidium erwidert: »Bieranklage zieht (nicht)!« Der Ankläger fährt fort: »Bieranklage in Bänken gegen N. N. wegen ... (Angabe des Grundes). Bierrichter sei N. N.« Hierauf ernennt das Präsidium die Räte und der Bierrichter spricht nun: »Silentium! Ein hochweises Biergericht hat sich konstituiert. Angeklagter citatus, eins ist eins, zwei ist zwei, drei ist drei oder du fährst bei!« Bis »drei« hat sich der Angeklagte mit »adsum« zu melden.

Der Bierrichter fragt nun: »Was hat der Ankläger vorzubringen gegen den unglückseligen N. N.?« Der Ankläger stellt seine Klage mit dem petitum poenae und nennt seine Zeugen. Der Angeklagte wird dann zur Verteidigung aufgefordert; er repliziert und nennt auch seine Zeugen.

Bierrichter: »Silentium! Die Akten in Sachen N. gegen N. sind hiermit geschlossen!« Darauf folgt die Beweisaufnahme. Zuerst werden die Zeugen des Klägers vernommen, dann die des Angeklagten, die ihren Mann be- bezw. entklötigen, d. h. für oder gegen ihn sprechen (be = pro; ent = contra). Sonstige Beweismittel sind Sachverständige und richterlicher Augenschein. – Alle Aussagen gehen auf Cerevis (= höchste Beteuerungsformel des bierehrlichen Studenten).

§ 126.

Bei den Beratungen und Entschließungen des Biergerichts entscheidet absolute Stimmenmehrheit.

§ 127.

Als Strafen verhängt das Biergericht Fiskus und Bier-Verschiß.

§ 128.

Die Urteilsverkündigung lautet: »Silentium! Ein hochweises Biergericht erkennt in Sachen N. contra N. für

Recht, daß ... Von Rechts wegen! Clausa sunt acta. Ein hochweises Biergericht löst sich hiermit auf!«

§ 129.

Macht der Ankläger einen Formfehler, so wird seine Anklage unter den Tisch geschlagen; macht der Bierrichter einen Fehler, so wird er vom Präsidium verdonnert.

§ 130.

Jedes klagbare Faktum, das nicht binnen 5 Bierminuten eingeklagt ist, gilt als verjährt, tempus utile abgerechnet.

§ 131.

Bierzeuge muß jeder Bierehrliche, Bierrichter jeder bierehrliche Bursch sein.

§ 132.

Das Präsidium hat jederzeit das Recht, das Biergericht unter den Tisch zu schlagen.

5. Bierkonvent oder Femgericht.

§ 133.

Ist der Ankläger, Angeklagte oder einer der Zeugen mit dem Urteil des Biergerichts unzufrieden, so kann er innerhalb 5 Bierminuten an ein Femgericht appellieren.

§ 134.

Das Femgericht besteht aus drei bis fünf an der Sache nicht beteiligten Burschen. Seine Verhandlungen sind geheim.

§ 135.

Es ist weder in der Form noch dem Strafmaß an bestimmte Regeln gebunden. Gegen seine Urteile ist keine Berufung mehr möglich. Während der Verhandlungen trinken die Mitglieder der Feme auf Kosten des Verdonnerten (Fiskus).

6. Bier-Verschiß (B.-V.).

§ 136.

Der B.-V. ist die Absprechung der Bierehre und aller mit ihr verknüpften Rechte gegenüber einem Mitglied der Kneiptafel. – Es giebt einen einfachen, doppelten und dreifachen B.-V.

§ 137.

Es ist das Recht eines jeden bierehrlichen Burschen, einen andern in B.-V. zu stecken.

§ 138.

In B.-V. fährt:

a) Wer in grober Weise Bier vergeudet,

b) Wer sein Cerevis falsch giebt,

c) Wer sich gegen Anordnungen des Präsidiums auflehnt oder eine von ihm diktierte Strafe nicht annimmt,

d) Wer mit Bierschissern irgend welche Gemeinschaft hat,

e) Wer ein vorgetrunkenes Quantum nicht annimmt oder nach dreimaligem Treten nicht nachkommt,

f) Wer auf das übliche Kommando hin nicht in die Kanne steigt,

g) Wer das was er einem andern nachkommt zugleich einem dritten vorkommt,

h) Wer einen Bierjungen nicht binnen 5 Bierminuten auspaukt.

§ 139.

Die B.-V.-Erklärung geht folgendermaßen vor sich:

»Silentium! N. ist in B.-V.! Ein bierehrlicher Fuchs kreide ihn an!« oder »ich kreide ihn selbst an!« Jeder bierehrliche Fuchs, der nicht sofort ankreidet, fliegt sofort in B.-V. – Das Angekrittensein an der B.-V.-Tafel ist das äußere Zeichen, daß der Betreffende in B.-V. ist.

§ 140.

Der Bierschisser muß sich aus dem B.-V. wieder

herauspauken, was sofort geschehen kann; thut er es binnen 5 Bierminuten nicht, so fliegt er in den doppelten und schließlich dreifachen B.-V.; paukt er sich auch aus diesem nicht heraus, so wird er von der Kneipe verwiesen und besonders zur Rechenschaft gezogen.

§ 141.

Das Herauspauken geschieht auf folgende Art:

Der Bierschisser bittet einen bierehrlichen Burschen zu vermelden, daß er sich herauspauken wolle. Dieser meldet es dem Präsidium, welches ankündigt:

»Silentium! Der Bierschisser N. N. will sich aus dem B.-V. herauspauken. Wer paukt mit?« Hat sich ein Mitpauker gemeldet, so fragt der betreffende bierehrliche Bursche: »Wer ist Bierschisser?« worauf die Corona antwortet: »N. N.!« Weiter fragt der Herauspauker: »Was ist N. N.?«

Corona: »Bierschisser!«

Herauspauker: »Ergreift die Gläser! Setzt an! Los!«

Der Bierschisser trinkt das bestimmte Quantum, die Mitpauker nur einen Schluck! – Nun fragt der Herauspauker: »Wer ist bierehrlich?«

Corona: »N. N.«

Herauspauker: »Was ist N. N.?«

Corona: »Bierehrlich!«

Dann folgt das Lied:

> »Solche Brüder müssen wir haben,
> Die versaufen, was sie haben:
> Strümpf' und Schuh', Strümpf' und Schuh',
> Laufen dem Teufel barfuß zu!
> Zum Zippel, zum Zappel, zum Kellerloch hinein,
> Heute muß alles versoffen sein!«

Nun verkündet das Präsidium: »Silentium! N. ist wieder

bierehrlich! Ein bierehrlicher Fuchs kreide ihn aus!«

§ 142.

Eine Berufung wegen etwa unrechtmäßiger B.-V.-Erklärung kann immer erst nach geschehenem Herauspauken erfolgen.

E. Feierliche Ceremonien.

§ 143.
1. Der Landesvater.

Der Landesvater, ein mit Feierlichkeiten verbundenes Lied, das ursprünglich mit den Worten anfing: »Landesvater, Schutz und Rater,« wird bei jedem solennen Kommerse gesungen.

Auf Kommando des Präsidiums steigen folgende Strophen:

1) Alles schweige, jeder neige
   Ernsten Tönen nun sein Ohr!
   Hört, ich sing' das Lied der Lieder,
   Hört es, meine deutschen Brüder!
   Hall es wieder, froher Chor!

2) Deutschlands Söhne, laut ertöne
   Euer Vaterlandsgesang! –
   Vaterland! du Land des Ruhmes,
   Weih' zu deines Heiligtumes
   Hütern uns und unser Schwert! –

3) Hab' und Leben dir zu geben,
   Sind wir allesamt bereit, –
   Sterben gern zu jeder Stunde,
   Achten nicht der Todeswunde,
   Wenn das Vaterland gebeut.

4) Wer's nicht fühlet, selbst nicht zielet
   Stets nach deutscher Männer Wert, –
   Soll nicht unsern Bund entehren,
   Nicht bei diesem Schläger schwören,
   Nicht entweihn das deutsche Schwert.

5) Lied der Lieder, hall' es wieder:
   Groß und deutsch sei unser Mut! –
   Seht hier den geweihten Degen,
   Thut, wie brave Burschen pflegen,
   Und durchbohrt den freien Hut!

Hierauf singen die Präsiden zusammen mit erhobenen Schlägern und entblößten Häuptern folgende Strophe:

6) »Seht ihn blinken, in der Linken,
   Diesen Schläger, nie entweiht! –
   Ich durchbohr' den Hut und schwöre:
   Halten will ich stets auf Ehre,
   Stets ein braver Bursche sein!«

Dabei durchbohren die Präsiden ihre Mützen mit dem Schläger und schieben sie hinunter bis auf die Glocke, worauf die Corona wiederholt:

»Du durchbohrst den Hut« etc.

Nun gehen die Präsiden zu dem nächsten sich gegenüber sitzenden Paar an der Tafel, reichen den Betreffenden den Pokal und singen dabei:

7) »Nimm den Becher, wackrer Zecher
   Vaterländ'schen Trankes voll!
   Nimm den Schläger in die Linke,
   Bohr' ihn durch den Hut und trinke
   Auf des Vaterlandes Wohl!« etc.

Während des Gesanges überreichen sie den Schläger, die Betreffenden trinken, durchbohren ihre Mützen, reihen sie auf, kreuzen die Schläger, legen ihre Rechte auf die Klinge dort wo sie sich mit der andern kreuzt und singen dabei:

»Ich durchbohr' den Hut und schwöre« etc.

Die Corona wiederholt:

»Du durchbohrst den Hut und schwörest« etc.

Nun nehmen die Präsiden die Schläger zurück und treten zum nächsten Paar; und so wiederholt sich die Ceremonie in der gleichen Weise wie beim ersten Paar, bis die Mützen aller Commersierenden aufgespießt sind. Dann singen die Präsiden:

8) »Komm du blanker Weihedegen,
    Freier Männer, freie Wehr!
    Bringt ihn festlich mir entgegen,
    Von durchbohrten Hüten schwer!«

9) »Laßt uns festlich ihn entlasten,
    Jeder Scheitel sei bedeckt!
    Und dann laßt ihn unbefleckt
    Bis zur nächsten Feier rasten!«

Hierauf gehen die Präsiden mit den Schlägern wieder die Reihen hinab, setzen paarweise den Eigentümern die Kopfbedeckungen wieder auf, legen den Schläger auf deren nun bedecktes Haupt und singen:

10) »So nimm ihn hin,
    Dein Haupt will ich bedecken
    Und drauf den Schläger strecken:
    Es leb' auch dieser Bruder hoch!
    Ein Hundsfott, der ihn schimpfen soll!«

Die Corona fällt ein:

»So lange wir ihn kennen,
Woll'n wir ihn Bruder nennen!
Es leb' auch dieser Bruder hoch!«

Dies wird so lange wiederholt, bis alle Häupter bedeckt sind. Dann schließt die Ceremonie mit folgenden allgemein gesungenen Strophen:

11) »Ruhe von der Burschenfeier,
   Blanker Weihedegen nun,
   Jeder trachte, wackrer Freier
   Um das Vaterland zu sein!«

»Jedem Heil, der sich bemühte
Ganz der Väter wert zu sein!
Keiner taste je ans Schwert,
Der nicht edel ist und bieder!«

NB. Je öfter eine Mütze den Landesvater mitgemacht hat, je mehr sie durchbohrt ist, um so größern Wert hat sie – wie bei den Kriegern die zerfetzten Fahnen. Davon zeugen die alten Verse:

»Am großen Hut prangt feierlich
Die Landesvaterei,
Er schätzt ihn mehr bei jedem Stich
Als wär er gut und neu.«

§ 144.
2. Der Salamander.

Der Salamander ist die höchste studentische Ehrenbezeugung, die einem Mitglied der Biertafel oder auch einem Abwesenden erwiesen werden kann. Er geht folgendermaßen vor sich:

Auf Kommando des Präsidiums werden die schäbigen Reste vertilgt und durch Blumen ersetzt, dann heißt es: »Silentium! Präpariert euch zum Salamander auf N. N.«

Der weitere Verlauf ist dann:

Präsidium: »ad exercitium Salamandri, sind die Stoffe

präpariert?«

Corona: »sunt!« resp. »non sunt!«

Präsidium: »ad exercitium Salamandri! 1, 2, 3!«

Alle erheben sich und reiben bis 3! mit den Gläsern auf dem Tisch.

Präsidium: »1, 2, 3!«

Auf 3! trinkt die Corona.

Präsidium: »ad exercitium Salamandri 1 ... 2 ... ... 3!« (langsam).

Während dieses Kommandos wird bis 3! mit den Gläsern auf dem Tische getrommelt.

Präsidium: »1, 2, 3!«

Bei 1! werden die Gläser gehoben und bei 3! auf den Tisch niedergeschlagen.

Präsidium: »1, 2, 3!«

Bei 3! wird nochmals auf den Tisch geschlagen.

Präsidium: »Salamander ex!«

Die Corona singt nun das Lied:

>»Cerevisiam bibunt homines,
>Animalia cetera fontes;
>Absit ab humano gutture
>Potus aquae!
>Sic bibitur, sic bibitur
>In aulis principum!«

Das Kommando des Salamanders ist stets dem Präsidium vorbehalten, kann jedoch auch einem andern Mitglied der Kneiptafel übertragen werden.

NB. Der »Salamander« scheint mit dem Glauben an die Feuerbeständigkeit des Salamanders zusammenzuhängen: auch die Freundschaft soll die Feuerprobe bestehen.

Nach andern soll er ein Anklang an die Trankopfer unsrer heidnischen Vorfahren sein. Scheffel schildert in seinem »Ekkehard« ein alemannisches Trankopfer folgendermaßen: »Die Männer ergriffen ihre Krüge und rieben sie in einförmiger Weise dreimal auf dem geglätteten Fels, daß ein summendes Getön entstand, hoben sie dann gleichzeitig der Sonne entgegen und tranken aus; in gleichem Takte setzte jeder den Krug nieder, es klang wie ein einziger Schlag.«

§ 145.
3. Die Rezeption.

Die Aufnahme von Füchsen findet unter sehr verschiedenen Ceremonien statt. Einheitlich ist nur folgendes:

Die Corona stimmt das Lied an: »Was kommt dort von der Höh',« währenddessen reitet der Fuchsmajor mit den zu Rezipierenden auf Stühlen in der Kneipe herum. Nachdem dann später das Fuchsenexamen und sonstiger Ulk in Scene gegangen sind, findet die eigentliche Rezeption unter folgender Formel statt:

Der Fuchsmajor spricht: »Ego N. N., pro tempore vulpium maior, te recipio in nomine cerevisiae in civitatem amicitiae et in locum fidelitatis, ut sis vulpes in oboedientia, tabacum cigarrosque semper tecum portans burschibusque liberaliter offerens.«

§ 146.
4. Die Brandung.

Die Brandung der Füchse findet am Ende ihres ersten Semesters statt. Einheitlich ist:

Unter Absingung des Liedes: »Was kommt dort von der Höh'?« reiten die Füchse in die Kneipe ein, während die Burschen sich in zwei Reihen aufstellen und den Durchreitenden das Gesicht anschwärzen (mit zu Kohle gebrannten Holzstäben). Nachdem die Füchse in ulkiger

Weise examiniert sind, vollendet der Fuchsmajor die Brandung mit den Worten: »Ego N. N. pro tempore vulpium maior, te vulpem N. N. grandissimum nomino, nominatum declaro, declaratum proclamo.« Zum Schluß folgt das Lied: »Ich war Brandfuchs noch an Jahren.«

§ 147.
5. Die Burschung.

Wenn ein Fuchs, gewöhnlich am Ende seines 2. Semesters, alle ihm gestellten Vorbedingungen erfüllt hat, erfolgt unter großen Feierlichkeiten seine Aufnahme ins Burschentum.

Der Schwerpunkt dabei liegt darin, daß sich der zu Burschende mit Ehrenwort auf die Prinzipien und Zwecke der betr. Korporation verpflichtet. – Die Burschungsformel lautet:

»Ego N. N. ex auctoritate et dignitate te N. N. burschium nomino, nominatum declaro, declaratum proclamo.«

§ 148.
6. Die Totenfeier.

Ist ein Mitglied der Corona gestorben, so findet ihm zu Ehren eine Trauerkneipe statt. Es werden 101 Gläser getrunken; das Glas des Verstorbenen wird gefüllt und steht mit einem Trauerflor behangen rechts vom Präsidium an einem leeren Platze. Als Lieder werden gesungen:

1.

Es hatten drei Gesellen ein fein Kollegium;
Es kreiste so fröhlich der Becher in dem kleinen
      Kreise herum.

Sie lachten dazu und tranken und waren froh
      und frei,
Des Weltlaufs Elend und Sorgen, sie gingen an
      ihnen vorbei.

Da starb von den Dreien der eine, der andre
    folgte ihm nach,
Und es blieb der dritte alleine in dem öden
    Jubelgemach.

Und wenn die Stunde gekommen des Zechens
    und der Lust,
Dann thät er die Becher füllen und sang aus
    voller Brust.

So saß er einst auch beim Mahle und sang zum
    Saitenspiel,
Und zu dem Wein im Pokale eine helle Thräne
    fiel.

»Ich trink euch ein Smollis, ihr Brüder! Wie
    sitzt ihr so stumm und so still?
Was soll aus der Welt denn werden, wenn
    keiner mehr trinken will?«

Da klangen der Gläser dreie, sie wurden
    mählich leer;
»Fiducit, fröhlicher Bruder!« – Der trank keinen
    Tropfen mehr.

2.

Integer vitae, scelerisque purus
Non eget Mauris jaculis nec arcu,
Nec venenatis gravida sagitis
Fusce, pharetra.

Sive per Syrtes iter aestuosas,
Sive facturus per inhospitalem
Caucasum, vel quae loca fabulosus
Lambit Hydaspes.

Namque me silva lupus in Sabina,
Dum meam canto Lalagen, et ultra
Terminos vagor curis expeditis,
Fugit inermem.

Quale portentum neque militaris
Daunia in latis alit aesculetis:
Nec Jubae tellus generat, leonum
Arida nutrix.

Pone me, pigris ubi nulla campis
Arbor aestiva recreatur aura,
Quod latus mundi, nebula malusque
Jupiter urget.

Pone sub curru nimium propinquo
Solis, in terra domibus negata:
Dulce ridentem Lalagen amabo,
Dulce loquentem.

3.

Vom hoh'n Olymp herab ward uns die Freude,
Ward uns der Jugendtraum beschert;
Drum traute Brüder, trotzt dem blassen Neide,
Der unsre Jugendfreuden stört.
    Feierlich schalle der Jubelgesang
    Schwärmender Brüder beim Becherklang!

Versenkt ins Meer der jugendlichen Wonne,
Lacht uns der Freuden hohe Zahl,
Bis einst am späten Abend uns die Sonne
Nicht mehr entzückt mit ihrem Strahl. etc.

So lang es Gott gefällt, ihr lieben Brüder!
Woll'n wir uns dieses Lebens freun,

Und fällt der Vorhang einstens uns hernieder,
Vergnügt uns zu den Vätern reihn. etc.

Ist einer unsrer Brüder dann geschieden,
Vom blassen Tod gefordert ab,
So weinen wir und wünschen Ruh' und Frieden
In unsers Bruders stilles Grab.
    Wir weinen und wünschen Ruhe hinab
    In unsers Bruders stilles Grab.

Nachdem die 101 Gläser getrunken sind, wird ein kurzer Nekrolog gesprochen.

Dann werden die Lichter ausgelöscht und ein Salamander in der Luft (mancherorts auch auf der Erde) gerieben, bei dem das Präsidium das Glas des Verstorbenen trinkt. Beim letzten Schlag des Salamanders wird das Glas des Verstorbenen zu Boden geschmettert, womit die Feier beendet ist.

IV.
Bierstrafen.

§ 149.

Bierstrafen sind: Fahrenlassen an die Biertafel (beifahren lassen); der Genuß bestimmter Quanta. – Alle einfachen Vergehen gegen Comment etc., die hier nicht aufgeführt sind, bestraft das Präsidium durch »pro poena trinken lassen.«

§ 150.

An die Biertafel fährt (mit Geldstrafen oder Fiskus):

Fehlen oder Zuspätkommen zur Kneipe.
Unbefugtes Kommandorufen.
Wer paukt, ohne das Wort zu haben.
Wer eine Rede stört.
Wer souffliert.
Wer sein Kommersbuch nach Liedschluß offen läßt.
Wer einen Burschen mit Fuchs tituliert.
Wegen Insignienverhunzung.
Wer ohne spezielle Erlaubnis Wein trinkt.
Wer ohne tempus die Kneipe verläßt.
Wer anstößt, ohne den Deckel offen zu haben.
Der Fuchs, der sich direkt ans Präsidium wendet.
Wer die Kneipe verunreinigt.
Wer ein diktiertes Strafquantum nicht trinkt, fährt mit dem doppelten bei.

Im Wiederholungsfalle verschärft das Präsidium die Strafen aufs Mehrfache.

V.
Anhang.
Vom Doctor cerevisiae.

Verschwunden und vergessen ist seit etwa dreißig Jahren bei unsern Studenten die hohe Würde des Dr. cer. Nur unter den ältesten »Alten Herren« giebt's noch solche, die sich dieses Titels rühmen können und sich auf Bierkarten etc. desselben bedienen. – Viele Studenten kennen sogar Titel und Würde überhaupt nicht mehr und meist muß ein solch alter Dr. cer. den lauschenden Epigonen auf der Kneipe davon erzählen.

Es ist mir sehr zweifelhaft, ob eine solche »Constitutio« wie die nachfolgende jemals das »Licht der Druckerschwärze« erblickt hat: es dürfte also höchste Zeit sein, daß dies geschehe, zumal mir nur ein recht vergilbtes Manuskript aus dem Jahre 1859 vorliegt. Also:

Constitutio de Doctoratu.

Wir Lobebär, burschi omnes tuen allen denen Burschen, Füxen vnd Philistern per hic et nunc offendtlichen kund vnd zu wissen, item so einer wollt werden Doctor cerevisiae er scharpff vnd gründlichen nachfolgende Satzungen zu vermerkhen habe.

§ 1.
Doctor cerevisiae ist ein fürnember Titul.

§ 2.
Dignissimus traget seyn gülden Käpplein oder cerevisiam auf deme Ohr, er müge bey allen denen Gerichten (als da seynd Bier- vnd Fehmgerichte) als ein rechter unparteylicher Beyhelfer vor allen anderen auserkohren vnd gewählt, nit minder ansonsten allenthalb vnd überall gebührend

honorieret werden.

§ 3.

Sollicher großen Ehr vnd Vergünstigung kann niemand nit habhaft werden, er sey denn ein rechter Bursch so

a) unzweyffelhaftig im fünften Semestro stehet

b) nit minder denn zween Füxlein gekeilet habe.

§ 4.

In die Wohllöblich Prüfungs-Commissionem müge ernannt werden als praeses collegii der h. t. Senior vnd Drey commissarii, so der C. fallweise oder vor ein gantzes Semestro erkühret, item Wohlehrsambe Doctores, (ansonsten in Dero Absenz vnd Vermangelung) andere schwer bemoosete Häubter.

§ 5.
Erfordernussen.

Der Candidatus hat der Commissioni ein Dissertations-Schrifft in forma einer strengest Biergelahrten Arbeit zu präsentieren; item solle selbiges Traktätlein an die 100 bis 150 versus, oder ebenmäßig in prosa strictissime 1001 Wort in sich begreiffen; auch solle selbiges auf groß Folio copiret vnd verzeichnet seyn, möglichst angenehmb und guet ausstaffiret vnd letzlich sammbt richterlichen Critik in der Bibliotheca auffbewahret vnd hinterleget werden. So die vermeldte Gutheyßung der Dissertationis fürüber, beschehen erst die mündlichen Prüfungen des Doctorandus, als da seynd:

§ 6.
Drey Rigorosa.

I. Das Rigorosum juridico-historicum, so in sich eynbegrefft:

1. Allgemeine Satzungen,
2. Commentum mitsammbt anhaftendem

Commentario,
3. Annales.

Das Examen, so völlig ein Stund andawren muß, solle offentlichen vnd feyerlich vollführet werden vnd mit großem Ernst vnd angemessener Würdigkeiten, allwie es zu gemeynem Nutz vnd Frommen seyn müge.

§ 7.

II. Das hochnotpeinliche Rigorosum besteht darinn, daß

1. Candidatus klärlich darthun, er hab Zeit seines Lebens wenigstens ein gantz Duzent Bierscandalorum ausgestanden;

2. er habe coram populo (worunter die Kneippleith zu verstehen) in gewohnter Kneippstuben mit all vnd jeglicher persona der Commissionis ein Zwiekampff – Turnier oder Waffengang abzutuen; allwo er mindigstens Einen siegreich abschlucken solle. Diese Waffengäng mueßen in zwo Schlagstunden vorbey vnd zu End gebracht seyn.

3. Item solle der Candidatus seyn Muet vnd Leibsübung darinn erzeigen, daß er ein Waffengang tue mit deme nacketen Stachel (anbey sey ihm das auserkühren derer Waffen vnd die Fechtweiß frey vnd anheimb gestellt, wohingegen ihm die Hochlöblich commissio einen Widerpart aufzuwieglen hat). Die Dauer sollicher Übung sei nit gar ein Virtlstündlein mit dreymalliger Absatz vnd Rastung (so jeglich nur zwo Zeitminuten dawren darf).

Die Hochlöblich commissio müge nach deme offentlichen Examine über die Tapfferkeit in der Fechtkunst des Doctorandi in extenso aburteln (vnd därff ihr nit werden bestritten vnd vntersagt der Sach kundige Personen bei der Fällung des Urtels zu interpelliren).

§ 8.

III. Colloquium fidelitatis.

Candidatus soll in einer absunderlichen Ex-Kneipen das Präsidium handhaben; item werde zur Ergetzung Aller die Dissertationsschrifft als Bierzeitung verlesen; das Geschäft eines Quästoris an ihm selbsten durch Zahlung Dreyer Hörner (so die Hochlöbl. Corona trinket) vollführet; allßdann in einer Bieranklagen solle er als ein Richter fungiren vnd letzlich sich zum Scheyßfuxen degradiren lassen.

§ 9.

Für das I. vnd II. Rigoroso ist eine Taxatio, nemblich vor jedwelliches ein silbern Reichsthaler; wobey zu vermerken, daß er das Diplomum Doctoris umsonsten vnd unentgeldlich erhalten mueße.

§ 10.

In zweiffelhafftigen Fällen hat der Fürsitzer zwo Stimmen; das Durchlassen gemeinhin geschieht hac lege, daß Stimmenmajoritäten; die Eminentia, so dreyviertheyll Stimmen vorhanden seynd. Der Löbl. Commissio sey anheymgeben die Zeit einer Reprobationis festzusatzen.

§ 11.

Es wird fortgesopfen!

Ende.

Das Buch ist fix und fertig,
Die Feder ausgespritzt;
Es thut nicht gut dem Schreiber,
Wenn er zu lange sitzt.

Verlag von Philipp Reclam jun. in Leipzig.

Der Renommist.

Ein scherzhaftes Heldengedicht

von

J. F. Wilhelm Zachariä.

Universal-Bibliothek Nr. 307. – Preis broschiert 20 Pf.

Kleines Kommersbuch.

Liederbuch fahrender Schüler.

Dritte Auflage.
Universal-Bibliothek Nr. 2610.
Preis broschiert 20 Pf. – In praktischem Taschen-Einband 40 Pf.

Studentenliederbuch.

Des Kleinen Kommersbuchs zweiter Teil.

Dritte Auflage.
Universal-Bibliothek Nr. 2870.
Preis broschiert 20 Pf. – In praktischem Taschen-Einband 40 Pf.

Kommersbuch und Studentenliederbuch in einem soliden Ganzleinenband vereinigt 60 Pfennig.

Melodieen

zum

Kleinen Kommersbuch und Studentenliederbuch.

Gesetzt für Klavier von *W. R. Schmidt*.

Ladenpreis: Elegant kartoniert 1 M. 50 Pf.

Aus Philipp Reclam's Universal-Bibliothek.

Preis jeder Nummer 20 Pf.

Balázs, Heitere Lebensbilder. 2899.

Bandlow, Stratenfegels. 3580. 3648. 3705. 4098.

–, Köster Hemp. 4029.

–, Naturdokter Stremel. 3920.

Beeker, Großstädtischer Besuch. 3978.

Berczik, A. v., Ehestandsgeschichten und andere Humoresken. 3240.

Berges, Ph., Amerikana. Hum. Skizzen. 5 Bde. 2508. 2698. 2829. 3175. 3713. Zus. in 1 Bd. geb. Mk. 1.50.

Blumauer, A., Virgils Aeneis. Travestie. 173. 174. – Geb. 80 Pf.

Bögh, Erik, Humoristische Vorlesungen. 2 Bände. 1062. 1240.

–, Der Theaterkobold. Humoreske. 2467.

Borgfeldt, Opernpremière. – Verkannte Genie. – In ärztl. Behandlung. 3627.

Bötticher, Georg, Alfanzereien. 3991. – Geb. 60 Pf.

–, Allotria. 3160. – Geb. 60 Pf.

–, Neue Allotria (Illustriert.) 3461. – Geb. 60 Pf.

–, Bunte Reihe. Humoresken 3516.

–, Schnurrige Kerle u. and. Humoresken. Mit 3 Illustr. von J. Kleinmichel. 3040.

–, Weiteres Heiteres. 3811. – Geb. 60 Pf.

Bornstein, A., Der Theaterarzt und andere Humoresken. 3437.

Brentano, F., Heitere Geschichten. Fünf Bände. 2330. 2564. 3068. 3246. 3826. – Zus. in 1 Bd. geb. M. 1.50.

Bürger, G. A., Münchhausens Reisen u. Abenteuer. 121. – Geb. 60 Pf.

Chiavacci, Wiener Bilder. 4101/2. – Geb. 80 Pf.

Crome-Schwiening, Allerhand humoristische Kleinigkeiten. 2827.

Cronheim, R., Fähnrichsgeschichten. Humoresken. 1736.

Daudet, A., Tartarin aus Tarascon. 1707.

Degen, In der Kaserne. 2589.

–, Aus dem Militärleben. 4 Bände. 2668. 2835. 3043. 3398.

Demokritos. 1. Bd.: Das Lachen. 3368. 2. Bd.: Was ist lächerlich? 3405. 3. Bd.: D. Weib. 3442. 4. Bd.: Der Humor. 3567. 5. Bd.: Der Witz. 3668. 6. Bd.: Das Temperament. 3989.

Denison, M. A., So'n Mann wie mein Mann. Ehestands-Humoreske. Dtsch. v. P. Heichen. 2141. 2142. – Geb. 80 Pf.

Eckstein, E., Humoresken. 2 Bde. 621. 1640.

–, Der Besuch im Carcer. Humoreske. Mit sechs Original-Illustrationen von G. Sundblad. 2340. – Geb. 60 Pf.

Fließ, E., Außer Reih u. Glied. 3558.

Fritz, (Singer), Briefe eines Junggesellen. Stimmungsbilder. 3200.

–, Thoren und Thörinnen. 3314.

–, Voran die Liebe. 3860.

Gaudy, Fr. Frhr., Aus dem Tagebuch eines wandernden Schneidergesellen. 289. – Geb. 60 Pf.

–, Schülerliebe u. andere Humoresken. 2319.

Grimmelshausen, Der abenteuerliche Simplicissimus. Deutsch von Philipp Lenz. 761–765. – Geb. M. 1.50.

Habberton, J., Helene's Kinderchen. Humoreske 1993. 1994. – Geb. 80 Pf.

–, Andrer Leute Kinder oder Bob und Teddi auf Reisen. Deutsch von M. Greif. 2103–2105. – Geb. 1 M.

–, Helene's Kinderchen und Andrer Leute K. In 1 Bd. Mit Goldschn. 2 M.

–, Frau Marburgs Zwillinge. 2750. – Geb. 60 Pf.

Höcker, P. Oskar, Leichtsinniges Volk. Novelle. 3212.

Jahn, E. R., Humoristische Erzähl. 3276.

Jerrold, D., Frau Kaudels Gardinenpredigten. 388. 389. – Geb. 80 Pf.

Junggesellenbrevier. 2707. – Geb. 60 Pf.

Knigge, A., Die Reise nach Braunschweig. Ein komischer Roman. 14.

Kock, P. de, Der bucklige Taquinet. Komischer Roman. 1883. 1884.

–, Herr Krautkopf sucht seine Frau. Roman. Dtsch. v. J. Olden. 3414. 3415.

Köhler, B., Dies und Das. 2988.

Kortum, Dr. C. A., Die Jobsiade. Hrsg. v. Schnettler. 398–400. – Geb. 1 M.

Krackowizer, Dr., Naturgeschichte des österreichisch. Studenten. Gymnasial-Humoresken. 2699.

Kraßnigg, R., Militär-Erinnerungen eines österreichischen Artilleristen. Heitere Skizzen und Bilder. 2889.

Kraus, O. ΜΕΥΡΙΑΣ. Die Meyeriade. Humoristisches Epos aus dem Gymnasialleben. 2980.

Kunterbunt 3799. – Geb. 60 Pf.

Lennig, Friedrich, Etwas zum Lachen. 3255. – Geb. 60 Pf.

Lenz, Ph., Militärische Humoresken. 5 Bde. 710. 728. 795. 850. 897. – Zus. in 1 Band geb. M. 1.20.

Lichtenberg, G. Chr., Ausgewählte Schriften. 1286–1289. – Geb. M. 1.20.

Liebesbrevier. 2850. – Geb. 60 Pf.

Mark Twain, Ausgewählte Skizzen. 1019. 1079. 1149. 2072. 2954. 3749.

Märzroth, Dr., Lachende Geschichten. 4 Bände. 1266. 1304. 1418. 1599.

Merth, Bernhard, Des österreichischen Volksschullehrers Freud und Leid. Heitere Geschichten. 3396.

Mikulitsch, W., Mimis Badereise. Eine Skizze. Deutsch v. E. Lamberg. 3089.

Müller, Joh. G., Siegfried von Lindenberg. 206–209.

Nötel, L., Vom Theater. Humoristische Erzählungen. 5 Bände. 1206. 1461. 1533. 1664. 1763.

Pauli, Theater-Humoresken. 3505.

Pohl, Robert, Peppi's Soldat und andere heitere Bilder und Geschichten. 3129.

Pötzl, Ed., Hoch vom Kahlenberg. Heitere und ernste Skizzen aus dem Wiener Leben. Drei Bändchen. 3844. 3888. 3905. Zus. in 1 Bd. geb. 1 M.

–, Kriminal-Humoresken. Drei Bändchen. 1905. 1980. 2258. Zus. in 1 Bd. geb. mit Illustrationen 1 M.

–, Der Herr von Nigerl und andere humoristische Skizzen. 3005. 3006. – Geb. 80 Pf.

–, Rund um den Stephansturm. Humoresken. 2411. 2412. – Geb. 80 Pf.

–, Wien. 1. Bd. Skizzen v. E. Pötzl. 2065. – 2. Bd. Alt-Wiener Studien von E. Hoffmann. 2101. – 3. Bd. Neues humoristisches Skizzenbuch von E. Pötzl. 2169.

–, Die Leute von Wien. Neue Folge ausgewählter humoristischer Skizzen. 2629. 2630. – Geb. 80 Pf.

Ràkost, Viktor, Mein Dorf und andere heitere Geschichten. 3115.

Roe, Edwin, Wie sich Jemand in seine Frau verliebt. Amerik. Dorfgeschichte. Deutsch von Karl Knortz. 2593.

Roehl, Arthur, Freilichtbilder. Humoresken. 3390.

Saphir, M. G., Meine Memoiren und anderes. 2510.

–, Humoristische Vorlesungen. 3 Bändchen. 2516. 2529. 2603.

–, Humoristisch-satirische Novelletten und Bluetten. 2546. 2547.

Schlicht, Frhr. v., Militaria. Heitere Soldatengeschichten. 3458.

Schnadahüpfln, Tausend, Gesammelt u. mit Einleitung, erklärendem Wörterverzeichnisse und acht Singweisen herausgegeben v. Fr. Gundlach. 3101. 3102. – Geb. 80 Pf.

Schönthan, Fr. u. P. v., Kl. Humoresken. 4 Bändchen. 1680. 1790. 1939. 2279.

–, P. v., Kindermund. Gesammelte Aussprüche und Scenen aus dem Kinderleben. 2188. – Geb. 60 Pf.

–, Der Kuß. Gereimtes u. Ungereimtes über den Kuß. Zweite vermehrte Auflage. 2311. – Geb. 60 Pf.

Schröder, Willem, De Plattdüdsche Sprückwörder-Schatz. 493.

–, Plattdüdsche Leeder un Döntjes. 928.

–, W. u. A., Humoresken. 7 Bände. 451. 488. 611. 790. 1178. 1575. 2706.

Sienkiewicz, H., Die Dritte. – Lux in tenebris lucet. Eine heitere u. eine ernste Erzählung a. d. Künstlerleben. Deutsch von H. Majdanska. 3053.

Stell, B., Lustigi Thurgauer G'schichte. Humoresken in Thurgauer Mundart. 2490.

–, Studentenrache und andere heitere Geschichten. 2719.

Sterne, L., Empfindsame Reise durch Frankreich und Italien. Deutsch von Friedr. Hörlek. 169. – Geb. 60 Pf.

–, Leben und Meinungen des Herrn Tristram Shandy. Deutsch von Adolf Seubert. 1441–1445. – Geb. M. 1.50.

Tagebuch eines bösen Buben. Aus dem Englischen von J. Botstiber. 3149. 3150. – Geb. 80 Pf.

Tewfik. Die Schwänke des Naßr-ed-din, und Buadem. Deutsch von Dr. E. Müllendorff. 2735.

Vacano, E. M., Humbug. Eine wunderliche Historie. 2321.

–, Komödianten. 2607.

Velde, C. F. v. de, Das Liebhaber-Theater. Humoreske aus dem ersten Zehntel des 19. Jahrhunderts. 112.

Viola, Die Nadel der Kleopatra und andere Humoresken. 2577.

Volger, Ed., Allerhand Dummheiten. Humoresken. 3113.

Weisflog, C., Das große Loos. 312.

Weiß, Julian, Von der heiteren Seite. Humoresken aus Ungarn. 3091.

Wolzogen, Alfred Frhr. v., Zwei Humoresken. (Die Unke. – Lori.) 1697.

Zachariä, Der Renommist. 307.

Zschokke, H., Tantchen Rosmarin. – Das blaue Wunder. Zwei Humoresken. 2096.

Abonnieren sie auf
Reclams
Universum
Illustrierte Wochenschrift
Jährlich 52 Hefte

30 Pfennig.
Im Abonnement:
27 Pf. * 0.32 ö.-u. K.-W. * 35 Ctms.

www.ingramcontent.com/pod-product-compliance
Lightning Source LLC
Chambersburg PA
CBHW022144090426
42742CB00010B/1381